Para mi [illegible]
hija Moira con todo
el cariño de su mamá
y autora:

Mercedes Elmoño

RELATOS CORROSIVOS DESDE LA NUEVA ANORMALIDAD

Mesale Elmoño

RELATOS CORROSIVOS DESDE LA NUEVA ANORMALIDAD

Didot

Relatos corrosivos desde la nueva anormalidad

Primera edición: octubre de 2020

www.puntodidot.com
Sector Oficios Nº 7
28760, Tres Cantos (Madrid)
e-mail: info@puntodidot.com

ISBN-13: 978-84-18290-82-4
ISBN-E-Book: 978-84-18290-83-1
Depósito legal: M-27353-2020

Printed in Spain

¡TENGO UN POZO, QUÉ GOZO!

Ibrahim vivía en un gran oasis, rodeado de palmeras y vegetación fresca, además de una rica franja de cultivos y dentro de su casa tenía el único pozo de aquel vergel que abastecía a la nutrida población que lo habitaba y a la que dio cobijo y regaló parcelas para cultivar a fin de no estar solo en aquel precioso lugar, fuera del cual se extendía un amplio desierto que rodeaba totalmente el oasis, aislándolo de cualquier atisbo de vida en cientos de kilómetros a la redonda. Dos veces al año pasaba una larga y copiosa caravana de camellos cargados de todo lo imaginable y rico que pudiera existir, iban camino de Allál-Ejo y todos se arremolinaban a su alrededor cuando repostaban dos noches para que los animales descansaran junto a sus dueños y vender todo lo que estuviera al alcance de los bolsillos de sus anfitriones, los cuales ponían precio de oro a la necesidad de agua, verduras y dátiles de los visitantes. Seis meses después, cuando regresaban a sus hogares más aliviados de sus cargas, les traían algún encargo y alguna que otra historia de ciudades que ni imaginaban que existían.

Una de esas leyendas contadas a la luz de la luna, bajo el encanto de un cielo estrellado y alrededor de un fuego acogedor, impresionó profundamente a Ibrahim.

Trataba de una forma diferente de vida, donde la generosidad indiscriminada era algo natural, la alegría de repartir inundaba el corazón y la felicidad que se regalaba regresaba duplicada en forma de satisfacción por ser así y envuelta en agradecimiento.

Poco después de que se fueran la puso en práctica.

Anunció que desde ese mismo instante daría el agua gratis. Ni que decir tiene que tal noticia colmó de auténtica dicha a todos y, en reconocimiento, fue homenajeado públicamente. Ibrahim se sintió realmente feliz.

Además, como su vecino más cercano iba todos los días a pedírsela varias veces, le dejó unas llaves de su casa para que pudiera cogerla, aunque él no estuviera.

Pasado un tiempo se dio cuenta de que su generosidad le había llevado demasiado lejos, y no solo la gente se había acostumbrado al agua gratis, sino que creían que el tiempo que les cobró por ello había sido un abuso, además el extremo de dejar las llaves le pareció el colmo.

Decidió poner pie en pared empezando por decirle a su mujer que cuando llegase el vecino le devolviera sus llaves, pero ella se negó a pedírselas, entonces Ibrahim le dio a elegir entre el vecino y él.

Ibrahim se quedó sin llaves, sin mujer, sin casa, sin agua y sin pozo.

Sin nada de esto, Ibrahim ya no valía nada para sus vecinos, quienes le dijeron que tenía que irse de allí.

Cuando hubo recogido en un hatillo una vasija de agua y algo de pan, se marchó caminando hacia las dunas. Al cabo de un rato volvió la vista atrás.

Reflexionó sobre lo ocurrido y supo que ya no tenía remedio.

Se sintió solo, desvalido y con miedo.

Después se lo tragó el desierto.

En el oasis todo el mundo estuvo de acuerdo en que fue un opresor que disfrutó demasiado tiempo de un bien que les pertenecía a todos por derecho, se dedicaron a subir el precio de todo a las caravanas, las cuales terminaron por variar la ruta hacia otros oasis, más pequeños y desabastecidos, pero rentables, y poco a poco dejaron de prosperar.

La siguiente generación huyó de aquella isla de un mar de arena asfixiante.

Los demás murieron de viejos, de miseria o de asco.

Años después una caravana se desvió hacia allí y descubrió el panorama desolador. Grabado a fuego en una palmera todavía podía leerse "Ibrahim, hijoputa".

YOUTUBER
QUE OS DEN
VIVA
OLE
ERES GENIAL

QUIERO SER FELIZ ¡YA!

Sabía que era guapa y sexy. Vestía a la última. Iba al *gym* y todos sus músculos estaban fortalecidos. Le gustaba contemplar sus curvas en cualquier espejo. Era vegana, comía solo alimentos de cultivo sostenible, cuidaba mucho su larga y sedosa melena con productos naturales y tenía una piel tan suave como la de un bebé.

Trabajaba de comercial para una gran empresa y era capaz de vender arena en una playa.

No era feliz, se sentía sola en un mundo donde no eres nadie si no te ven, valoran, critican, descuartizan o adoran al mismo tiempo. Fruto de un presente acelerado e irreversible. Simplemente, hoy.

Descubrió que ser bloguera es lo que necesitaba y puso todo su afán en ello.

Habló del nuevo *flow* instalándose en el pop, del pop coreano, de cocina deconstructora, de la alta y recreativa donde la reducción y el plato minimalista llega a extremos de banquete de hormigas con poca hambre, de la belleza del vello en las axilas, de lo asqueroso del vello en las axilas, de lo mal que está la sociedad, de lo avanzada y bien que está la sociedad...

Sus seguidores no aumentaban. Empezó a deprimirse. Después se enfureció.

Sufrió una crisis.

No entendía que no hay que entender nada, hasta que lo entendió.

Dejó de lavarse y peinarse en tres semanas, se conectó a la red, enfocó bien la cámara y saltó sobre la cama, después se quitó las bragas y mientras cagaba fue gritando lo gilipollas que eran todos los tíos en general y aquellos que conocía en particular, que estaba harta de tener que ser un jodido ejemplar de lo que se espera que seamos, que odiaba perder tiempo hablando a un par de memos para que compraran aquel cacharro carísimo, supuestamente imprescindible en sus vidas, de aquella puta empresa de mierda donde trabajaba, que la comida vegana era igual de interesante para ella que el culo de un pollo para una yegua y que todos, pero que todos los que la estaban viendo, podían irse a hacer compañía a aquel *zuguñuñu* que acababa de parir. Después de masturbarse mientras chillaba obscenidades a una *celebrity*, se levantó y apagó el ordenador.

Tiró la ropa de cama, se duchó y bajó a comer algo a un restaurante cercano.

Una compañera del trabajo que la vio entrar se acercó a ella para decirle que la había visto, que era una guarra..., pero que los dos millones de visitantes que tenía aquel video, ya viral en apenas una hora, testificaban que era lo más, pero lo más grande que había visto nunca, y que la adoraba por eso.

Siguió masticando despacito aquel pepito de ternera pringoso y, muy secretamente, se sintió por primera vez inmensamente feliz, libre y realizada.

EN MIS TIEMPOS TODO ERA MEJOR

Subió con esfuerzo al autobús, las piernas le pesaban, igual que los años, buscó asiento, todos estaban ocupados "por una caterva de niñatos", pensó, "sin consideración a nosotros, que les hemos criado y dado todo, y míralos, sin piedad ni reconocimiento alguno hacia la edad". Así continuó, recalentándose mientras su ira crecía: "son lo que son, unos canallas, gentuza de *malcriaos* por sus putas madres..., buena hostia les daba yo en sus *pitraquillos*, que ni polla tienen..., *desgraciaos* de mierda...". Tres paradas más adelante el tono le subía por las orejas: "qué tres hostias ni *mariconás*, veinte *patás* en los cojones, capullos inútiles...".

Se bajó en la parada siguiente pensando, de camino a casa, en lo desagradecidos y faltos de sensibilidad que eran los jóvenes de hoy, describió, ya sin insultos, la diferencia con sus tiempos, lo bien que se trataba a las personas, sobre todo a las mayores, lo caballeroso que él era, la delicadeza con la mujer y el romanticismo que hoy no hay...

Sacó las llaves y entró en su casa. Su mujer, encorvada y arrastrando penosamente los pies, se acercó para ayudar a quitarle el abrigo, sus manos, temblorosas y artríticas, iban lentas y en el rostro se le veía una sonrisa desdibujada por el dolor de sus achaques.

—¡Pero es que no sabes ya ni quitar un abrigo! ¡Vaya vieja inútil en la que te estás convirtiendo! ¿Qué hay para comer?

—Puchero y esos filetitos que te gustan.

—¡Bah..., nada nuevo! —respondió con desdén.

Desde el fondo de la habitación un joven, de apenas dieciocho años, asomó por la puerta.

—Viejo, dame *pa* la *priba* del *botellón*, que tengo prisa.

—¡Ay mi chaval..., ven aquí que te abrace!

—¿Pero de qué vas, *zumbao*? Llevo media hora esperando, venga, afloja y no me ralles.

—Toma, hijo, veinte euros.

—¡Vaya mierda! ¿Qué hago con esto un sábado? ¿Te crees que vivo en tu época o qué?

—Solo tengo cincuenta, a ver... toma.

—¡Qué trabajo te ha *costao*, vejestorio!

—¿Cuándo volverás?

—¡Qué *pesao*!

Y salió dando un portazo.

—¿Has visto? —preguntó a su mujer—. Esto es lo que pasa por la mierda que nos dan de pensiones, ni siquiera tenemos para dar a los nietos, así que no te quedes ahí *pasmá* y ya sabes: déjate de tanta peluquería semanal, ni podólogo, ni *yogurcitos* ni otras mierdas, a ver si espabilas.

Después se fue al salón a leer el periódico al que llevaba suscrito toda la vida.

En la cocina, un pañuelo grasiento enjugaba una lágrima solitaria que pronto iría a reunirse con las próximas de aquel día, mientras pensaba: "si es que to el gobierno es un desastre...antes se vivía *mejonn*".

EL DIARIO

1 DE FEBRERO

Reconozco que me casé muy enamorada, éramos cómplices, amantes, nos complementábamos en todo y ahora..., ni siquiera amigos. Cada día me resultan más insoportables sus manías, a las que él llama costumbres, su rutina: el paseíto, las comidas sanas, la meditación, la paz interior..., ¡la paz!..., la paz le daba yo a ese con dos *hostiones* bien *daos* por *agilipollao.* Después, cuando me quejo o me aburro no tiene otra cosa que decir que viajemos, o salgamos, como si así se solucionase algo. No se da cuenta de que hace tiempo que ni lo aguanto siquiera y si no fuera porque vivo a todo lujo lo mandaba a la mierda ya mismo. Tengo cinco diarios escritos y a veces creo que son fotocopiados, porque en todos me quejo de lo mismo.

2 DE MAYO

Mi querido compañero murió dos días después de escribir lo anterior. He descubierto, con horror, varias cosas: una, que yo era mi propia carcelera; dos, al estar siempre preocupándome de lo que él no me daba, me impedí ver lo que realmente necesitaba; tres, mi felicidad la cimenté en ser libre sin él.

Ya no está, no me falta de nada, pero veo que mi existencia se basaba en criticar la suya y ahora, sin ese peso, resulta que estoy vacía.

Vuelve, amor mío, o vive en mí para enseñarme el camino de esa paz que tú vivías, de esos proyectos que nunca quise que realizáramos, de esos paseos contemplando el atardecer a los que dejé de ir. Te amo.

11 DE NOVIEMBRE

Han transcurrido seis meses desde que se fue. No creí que fuera a superarlo tan pronto, pero es que he conocido a Juanjo y no creí que me volvería a ilusionar tanto con alguien otra vez.

No tengo palabras para describirlo. No es aburrido, ni soso, ni se dedica a gazmoñerías de yoga y comida sana. Le encanta la fabada y que veamos juntos la tele…, me he enamorado como una colegiala. No tengo tiempo ni de escribir, me paso todo el día en la cocina, qué importa la silueta, lo importante es ser feliz.

16 DE JULIO

Ocho meses juntos. Por su puta culpa estoy como una foca y a él da asco verlo, parece que va a dar a luz mellizos de elefante, además es aburrido hasta vomitar. Que le den.

Quisiera ser libre.

Todos los hombres son iguales.

FELIZ CUMPLEAÑOS

Todos se preparaban para recibir a los abuelos, sin olvidar a los titos, que seguramente les regalarían algo de dinero, aunque el décimo cumpleaños fuera del pequeño de la casa. El padre comprobaba que no faltaran bebidas, la hija mayor ayudaba a la madre dando los últimos retoques en la cocina a los platos variados y coloridos que gustaban de hacer. El hijo mediano terminaba de inflar globos que colgarían del techo, su hermana melliza se ocupaba de poner todos los detalles en la mesa extensible y el pequeño correteaba nervioso de acá para allá.

Sonó el timbre y uno fue a abrir. Eran los abuelos maternos.

Abrazos y sonrisas para todos.

—¿Y tú qué tal, sigues en el mismo trabajo? —preguntó con sorna a su yerno.

—De momento sí..., como en los últimos tres años —respondió secamente.

"Pero será cabrón, siempre preguntando lo mismo porque una vez cambié de empleo, se cree *mu* importante por haber sido chupatintas en una oficina de barrio durante toda su vida".

—¿Una cervecita, suegro?

—Venga, va.

"Ni un vinito que ofrecer, será roñica, y eso que es el cumpleaños de su hijo, qué mejor ocasión…, a ver cuánto dura en este trabajo".

—¿Qué tal, suegra? Tan joven como siempre. ¿Quieres tomar algo?

—Guarda tu piquito de oro para mi hija, que lo necesita más que yo, y no, solo bebo comiendo.

—Como quieras.

"Pajarraca de mierda, no deja una en el tintero…, a ver si la palma pronto y heredamos algo".

Otra vez el timbre, eran los cuñados.

Abrazos y sonrisas para todos.

—Cuñada, qué alegría verte, cuánto tiempo…

—Ay, sí, desde las Navidades.

"Pues sí que está gorda, luego dice que fue por la comilona del 25, como si el resto del año no se zampase *to* lo que pilla, y bien que me elogió lo mío, que hasta las sobras se llevó la muy tarada, que mira cómo tiene a mi hermano, que da pena verlo".

Más timbre, más abuelos.

Abrazos y sonrisas para todos.

—Mamá, qué alegría verte.

—Yo también me alegro, hijo.

"Pues sí que lo cuida mucho el esperpento de su mujer…, y qué ojeras tiene…, qué lástima de hijo..., será *hijaputa*".

Más timbre, más cuñados.

Abrazos y sonrisas para todos.

—Pasad y acomodaos, me alegro de veros.

—Igualmente, cuñado.

"Al *fracasao* este le sale la envidia por las orejas de saber qué puesto tengo en la empresa, que se jodan, él y la subnormal de su hermana, que no sirve ni *pa está* escondía... El día que gane en las apuestas se va a enterar de *aónde* la mando".

—¡Todos a la mesa! —se oyó una voz al fondo.

Se sentaron charlando alegremente unos y otros.

—Ayúdame a llevar los platos —dijo la madre al marido en tono apagado.

—Voy —respondió.

"Joder, vaya careto que me pone, que sí, que se la pegué con Rosi y *to* iba bien hasta que aquella golfa no tuvo otra ocurrencia que irle con la monserga. ¡Como si así me fuera a casar con ella! Yo las quiero a las dos a mi manera, y cada una a lo suyo, que una es esta, la madre de mis hijos, pero *na* más que me pone faltas: que si ya no somos tan jóvenes, que si no gano lo suficiente… La Rosi no es más joven que ella, pero está viva, coño, le va la marcha, y los bailes, y más *agradecía* que es con *na*..., y si "aquello" no funciona pone empeño *pa* que el gatillazo no sea improductivo, y ahora *to* al carajo, con esta amenazando con divorciarse *ca* dos por tres y controlando hasta cuándo cago".

—¿Falta algo en la mesa, hija? —preguntó la madre a la mayor.

—Creo que ya está todo, mamá.

"Joder con estos dos, parece que están en un funeral continuo. A estas alturas y no saben arreglar sus asuntos. Le pediré a él que me arregle el coche, ella está imposible".

—Recoge la escalera si has terminado con los globos —dijo el padre al mediano.

—Vooooy.

"Coñazo de tío este, a ver si se divorcian de una vez, pero antes le pediré una moto nueva".

—Cuñada, ¿te ayudo en algo?

—Tú siempre dispuesta a ayudar, no, ya está todo, vamos a comer.

"¡Será arpía! Siempre hace lo mismo: ofrecerse cuando *to* está hecho, y en voz alta, *pa* que los demás la oigan".

—Ya estamos todos reunidos —dijo el padre cuando estuvieron sentados alrededor de la mesa—. Propongo un brindis por esta estupenda y gran familia.

Todos corearon la idea y brindaron alegremente.

—Esto está delicioso, tienes que darme la receta.

—Cuando quieras, pero seguro que tú lo haces mejor.

"Y una mierda te la voy a dar, que si las suegras volasen tú serías un buitre negro, seguro".

—¿Y qué tal los estudios, sobrina?

—Voy tirando.

"Será capullo, saca el tema *pa* refregar que mi prima está en la universidad. Cómo lo odio".

La comida transcurría alegremente, entre risas y chistes. A los postres, la esperada tarta con sus diez velitas.

—Venga, pequeñajo, sopla y pide un deseo sin decirlo —dijo un abuelo.

—Vale.

"Por favor, que los regalos no sean tan cutres como *tos* los años, y que mis padres no se separen, que se lo he oído a mis hermanas".

—¡Bieeeeeenn!

Aplausos y canto del "cumpleaños feliz". Más aplausos. Besos. Sonrisas. Más besos.

Tres horas más tarde, despedida general.

—Volved más a menudo, os echamos de menos, queridos suegros.

—Lo haremos, de todas mis nueras tú eres mi preferida.

"Mi preferida para que se muera primero, zorra, que me he enterado de que quieres abandonar a mi hijo, que no te lo mereces".

—Lo mismo os digo a vosotros —dijo el padre dirigiéndose a los padres de su mujer.

—Claro que sí, venga ese abrazo.

"Voy a cogerte las medidas a ver si te estrangulo, hijo de perra, como dejes tirada a mi hija y a mis nietos vas a saber quién soy".

Abrazos, besos, sonrisas.

—Otro año más —dijo la madre—. Ha sido estupendo, ahora a recoger todo.

—Sí que es verdad —dijo él—. Somos una gran familia.

Después cada uno marchó por su lado.

Los hijos mayores se fueron para salir con sus amigos y el pequeño se quedó en su dormitorio jugando con su vieja "play".

LA ALQUILADA Y SU CLIENTE

—No pienso hacer lo que no quiero.

—Para eso pago, soy el cliente.

—Que venda mis servicios no le da derecho a solicitar cosas que puedan perjudicarle, incluso a mí.

—Le repito que soy el cliente, asumo las consecuencias de mi decisión y si resulto dañado me será más fácil aceptar el resultado, si se niega buscaré quien lo haga a mi manera.

—Va contra mis normas y mi ética.

—No me haga reír, eso en su profesión no existe.

—Es usted un grosero.

—La prostitución es un término demasiado amplio para ceñirlo a una simple práctica sexual. Decídase, no tengo todo el día.

—Acepto.

Depositó unos cuantos miles de euros sobre la mesa y después salió satisfecho. Por fin una buena profesional aceptaba no solo su caso, tan difícil, sino llevarlo a su manera, rebuscando entre los entresijos de la ley.

PROCRASTINAR
(del lat. *procrastinare*: diferir, aplazar)

—Ya sabes, antes de que regrese tienes que tener recogida la ropa de la lavadora, salir a comprar y el fregado hecho, que vengo con el tiempo justito para hacer la comida —le repitió su madre por enésima vez antes de salir para el trabajo.

—Sííí…, que ya me lo has dicho mil veces —le respondió desde la cama.

"Hasta las tres que llegue me dará tiempo —pensó—, antes voy a ordenar ese cajón de mi escritorio y tengo correo pendiente..., uf..., qué de cosas...".

Mary cerró la puerta y bajó a toda prisa las escaleras para coger el bus.

"No es mal chico, casi siempre acaba haciendo lo que se le pide..., o no, y termino haciéndolas yo, así no puedo seguir, me estoy matando a trabajar y cada día tengo más faena en casa acumulada... A este ritmo no podré con los dos trabajos para que sobrevivamos…".

A las nueve en punto llegó a la casa donde iba a limpiar y cocinar a diario. Eran demasiados, por eso había que empezar todos los días desde cero. No pagaban ni lo justo, pero la trataban bien y era un pequeño sueldo seguro para comida y extras.

A las dos, vuelta a casa, en una hora de bus estaría de nuevo en su cocina. "Necesito un descanso", se repetía mientras daba cabezadas.

El ascensor estaba estropeado, así que subió lentamente las escaleras, le pesaban los sesenta y tres años, las piernas y el alma.

Cuando entró en la cocina le subió la adrenalina.

—¡Niniiiiiii…! ¿Pero todavía esto así? ¿Y la *compraaaa*? Será *hijolagranputa*...

—Lo siento, *ma*, no te pongas así, es que no me dio tiempo, luego lo hago.

—Y ahora qué comemos, ¿eh?

—Por mí no te preocupes, ya he desayunado..., y no me agobies —respondió mientras se volvía a poner los auriculares para seguir con el Minecraf.

Mary se desplomó unos instantes en una silla. "Tengo un hijo de veinte años y entre el panorama laboral del país y la actitud de no hacer las cosas hoy para dejarlas para más tarde, pues que este *capullazo* tiene menos futuro que un pulpo en una maceta..., y yo..., ahora tendré que irme otra vez a trabajar con un panecillo con aceite... No puedo más".

Después de tomárselo, recostó la cabeza sobre los brazos en la mesa y se quedó adormilada. Temía no tener fuerzas para levantarse si se acostaba en la cama.

Antes de irse al otro trabajo, repitió lo mismo al hijo.

Recibió la misma respuesta.

Bajó a coger el bus otra vez.

Llegó puntual, como siempre, esta vez era una jornada de siete días a la semana, de cuatro de la tarde a once de la noche, cuidando a un enfermo y atendiendo todas las labores de la casa. Aprovechó que tenía que hacerle compra para llevar algo para ella.

Regresó a las doce. No tenía ganas de guisar. El fregado no estaba hecho. La lavadora aún tenía la ropa dentro. La compra sin hacer. Una notita en el frigo decía: "*Ma*, mañana lo hago todo".

No cenó. Se fue directa a la cama. Llevaba así *nosecuántos* meses y su hijo seguía aplazándolo todo continuamente, hasta sus propios asuntos.

"¿Estaré equivocada asumiendo que cada uno es como es y sobreponiéndome a todo como si eso fuera lo más natural del mundo? ¿Y si él tuviera razón y hay que aceptar que unos pueden tener voluntad y otros no? Es más, puestos a pensar, ¿por qué soy una de esas gilipollas que tienen que arrastrar la pesada carga de pertenecer al primer grupo, creyendo hacer lo correcto, mientras que el segundo vive de parásito y tan feliz?".

Se quedó dormida.

A las siete sonó el despertador. Lo paró.

A las diez seguía en la cama.

—*Ma*, ¿estás enferma, llamo al médico?

—No, hijo, estoy estupendamente.

—¿Por qué no has ido al trabajo?

—Iré..., más tarde..., o mañana...

—¿Y la comida?

—Pues igual.

—Pero ¿qué te pasa?

—Que ya se harán las cosas, y si pierdo el trabajo, pues no sé..., habrá otro, o no... No me agobies. Y tómate tu tiempo, tampoco es tan importante poner la lavadora ni tener comida.

Se dio media vuelta en la cama y siguió durmiendo.

El hijo se fue a seguir jugando.

Hasta tres días después no tomó conciencia de lo grave de la situación.

Él llegó a la conclusión de que no era bueno convivir con alguien igual que él, cosa muy importante a tener en cuenta a la hora de buscar pareja.

Su madre perdió el empleo de la mañana, pero siguió con el de la tarde noche, no daba ni golpe en la casa, y con el sueldo solo podía pagar alquiler, luz e Internet. La comida la pedían en comedores sociales y se alternaban para traerla a casa o ese día no comían.

Los invadía la suciedad, pero no la depresión, porque como decía Mary: "si no puedes cambiar la situación, en lugar de destrozarte, que le den *porculo* a *to*".

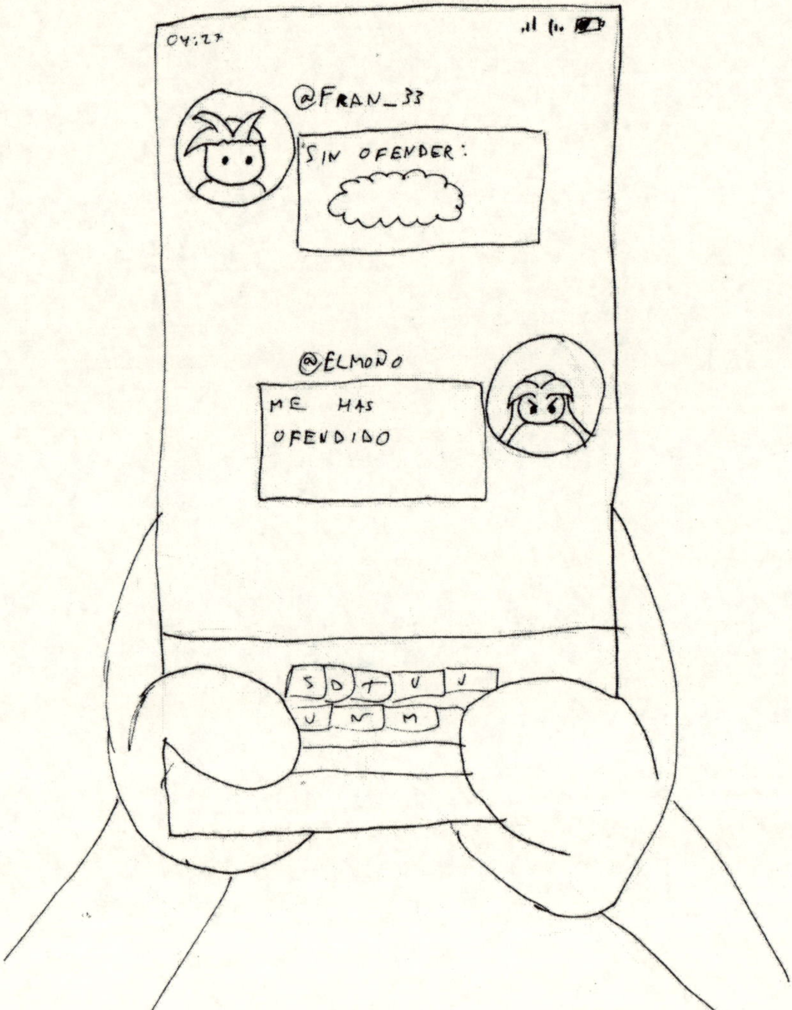
04:27
@FRAN_33
SIN OFENDER:
@ELMONO
ME HAS
OFENDIDO

LIBERTAD DE EXPRESIÓN

—Estamos en plena democracia, abuelo, esto no es como en tus tiempos, ahora se puede expresar lo que se piensa, por medios legales y sin insultar, claro.

—*Enga* ya, *chalao...*, que te crees tú eso, que os la han *colao* hasta el fondo con tanta palabrita fina y queriendo *arrebujá* en *er* saco ovejas con lobos... Ya verás..., ya verás...

—Lo que tú digas, abuelo. Hasta luego.

Se fue pensando que al viejo se le estaba yendo la olla y se había estancado hacía medio siglo. Había decidido publicar un artículo en el periódico local expresando su opinión sobre algunas cosas y quejándose de otras. Eran sus razones las que iban a ser expuestas, no la verdad universal, que sabía que no existe, pero al menos se quedaría tranquilo de saber que tenía derecho a decirlas e incluso muchos las compartirían, aunque no se atreviesen a exponerlas: "aun sabiendo que estamos en plena democracia", se repetía.

Subió a redacción y dejó sobre la mesa el sobre con el escrito.

Volvió a casa.

Se publicó al día siguiente.

Dos horas después le notificaron que tenía varias denuncias:

—El colectivo "Siliconadas con Honra y Tetas que dan Sombra", alegaba que su frase: "la belleza está en lo natural, no es tan importante el tamaño del busto", atentaba directamente contra el canon de belleza que representaban sus abultados pechos, además de infravalorar todo el sacrificio que habían tenido que soportar para tenerlos.

Pedían una indemnización astronómica.

—El colectivo "Sin Alegría en los Bajos, To al Carajo", alegaba que su comentario "la felicidad no hay que polarizarla en el sexo", atentaba directamente contra un grupo de personas (muy, pero que muy mayores la mayoría), en un intento de arrinconarlas, como si fuesen trastos viejos, al ostracismo de la castidad.

Pedían una indemnización astronómica.

—El colectivo "La Felicidad es Nuestra Meta, sin Importar quién la Meta", alegaba que su frase: "también tenemos derecho a ser desgraciados, porque el dolor y la insatisfacción forman parte de la vida", atentaba directamente no solo contra los principios de todos los integrantes, sino que demostraba abiertamente el deseo de implantar ideas masoquistas en la mente de las jóvenes generaciones.

Pedían una indemnización astronómica.

—El colectivo "Mejor Cualquier Gusano que Solitas con la Mano", alegaba que su párrafo: "es importante estar a gusto con el compañero sexual si queremos alargar esta experiencia en el tiempo porque, normalmente, los contactos esporádicos con desconocidos pueden impedir una realización y satisfacción plena a largo plazo", atentaba directamente contra la esencia misma de un colectivo que reivindicaba una absoluta libertad y pregonaba su entera satisfacción con el sexo con cualquiera, conocido o no.

Pedían una indemnización astronómica.

—El colectivo "Vive del Sistema y no Temas", alegaba que su frase: "todos tenemos derecho a un trabajo digno que nos permita formar una familia", atentaba contra el derecho a no dar golpe y vivir de las ayudas o subvenciones que pudieran conseguir del Estado, y esa frase, claramente, fomentaba la vida laboral y hacía apología del deslome para ganar el pan.

Pedían una indemnización astronómica.

Siguió leyendo las seis denuncias restantes y después se recostó, abatido, en el sofá.

Cuando llegó su abuelo, apenas levantó la cabeza para saludar.

—Hola, abuelo.

—He leído el periódico.

—No sabes lo peor.

—Sí que lo sé. Te llueven las denuncias. Eso es bueno.

—¿Bueno *pa* qué, abuelo?

—*Pa* qué va ser, zagal, ahora serás famosillo, saldrás en *toos* los medios y dejarás de ser un don nadie del carajo. Podrás crear un "colectivo anticolectivos" y así te quitarás de la cabeza esas ideas absurdas de democracia y otras mierdas. Este mundo ya no es un mundo, es un puto corral de bichos peleones, donde *toos* quieren sacar los pies del plato. Me voy otra vez, que he *quedao* con unos amiguetes en el bar.

Cuando salió su abuelo, se quedó con la mente en blanco.

No entendía nada.

Pasado un rato, empezó a sonreír.

ASAMBLEA DE VECINOS

No estaba nervioso, pero sí algo preocupado. En la próxima asamblea de vecinos se elegiría al nuevo presidente por votación. Esta vez lo habían planificado, por absoluta mayoría, con campaña electoral incluida. Se presentaban dos al cargo: él y su vecino de un chalé más alejado. No era cuestión de ganar dinero, sino de gestionar bien los gastos de la comunidad, que no eran pocos en aquella urbanización.

La verdad es que no tenía ni idea de cómo hacerlo, pero le cabreaban la actitud prepotente de aquel idiota y su familia remilgada, además se las daba de sabihondo desde su atalaya de abogado y eso jode.

Él había obtenido la vivienda por herencia y solo tenía estudios primarios, pero como era comercial desde hacía veinte años, tenía mucha facilidad de palabra y había convencido casi a la mitad de los vecinos de que era la mejor opción para que todo funcionase mejor.

Llegó del trabajo y se sentó a comer junto a su mujer y su hijo.

—¿Sigues preocupado por la votación? Creo que te has metido en un buen lío con querer ser presidente —dijo ella.

—Gracias por tu apoyo —contestó con sorna.

—No te lo tomes a mal, pero creo que es más una cuestión de orgullo que un deseo de llevar un montón de problemas que no hay ni por dónde cogerlos.

—Y dale con tus "ayuditas" de los cojones.

—No empecéis que así no vais a ninguna parte —terció el hijo.

—¡Vaya, éramos pocos y parió la abuela!

—Que no, papá, que lo que te falta es ver más las noticias de la tele.

—¿Qué noticias?

—Pues esas que ponen todos los días, ya sabes, cuando hay debates y esas cosas...

—Dejemos este tema y comamos en paz —interrumpió la madre, zanjando así la discusión.

La comida transcurrió por otros derroteros más amables.

Volvió al trabajo y durante toda la tarde le dio vueltas a las palabras de su hijo. Era un chico inteligente, pero vivía en su mundo, como todos los de su edad, aun así nunca decía sandeces.

Regresó a casa y durante los siguientes tres días se dedicó a ver la tele en sus ratos libres.

Faltaban solo dos para la votación. En el almuerzo estaba radiante.

—Qué contento estás, ni que te hubiera tocado la lotería —dijo su mujer.

—Casi.

—¿Y eso?

—Pasado mañana la votación.

—¿Y te has preparado todo lo que vas a decir? ¿Has revisado bien todas las cuestiones?

—He hecho algo muchísimo mejor.

—¿Qué?

—Nada.

La madre dejó sobre la mesa la bandeja que tenía entre las manos y lo miró perplejo.

—Papá ha encontrado la solución, ¿a que te sirvió lo que te dije?

—Hijo, estoy orgulloso de ti, llegarás lejos.

—Pero bueno, ¿se puede saber de qué va esto? —preguntó ella.

—Pues muy fácil, mujer. Estos días me he dedicado a observar los debates y otras moñas políticas, y ahí he encontrado la solución. Es muy simple.

—¿Me la vas a decir o no? Porque, según veo, los dos lo sabéis todo.

—Pues que no se trata de hacer ninguna propuesta que mejore la del otro, ni de encontrar soluciones a problemas complicados y cuentas que no salen y todos suponemos que se están embolsando entre unos pocos.

—¿Entonces de qué se trata?

—Pues algo muy simple: criticar ferozmente al adversario y dejar la duda en el aire de que yo lo voy a hacer mucho mejor en todo. Las ideas las iré sacando de lo que diga el otro, no tengo por qué exponer las mías, diré que "por temor a que se las apropie", crear dudas, razonables o no, insinuar desfalcos, presumir de integridad descalificando implícitamente al otro... y así todo.

—¿Estás tonto o qué? La gente piensa y ve lo evidente, es decir, que no tienes ni idea, quedarás en ridículo. Además, si esa locura sucediera alguna vez, ¿qué harías?

—Cielo, haría lo lógico, salir de la empresa y montar mi propio negocio con los beneficios obtenidos… ¿Por qué crees que la directiva de estos putos *casoplones* vive a cuerpo de rey? Sobre que la gente piensa y ve lo evidente...eso es más cuestionable.

—Has perdido el juicio —dijo casi a punto de llorar mientras se iba del comedor.

—Bravo, papá, veo que progresas adecuadamente, y ahora…

—¿Ahora qué, hijo?

—Ahora ve a por el notable.

Dos días después, tras cuatro horas de intensa asamblea, salió elegido presidente por mayoría aplastante.

De regreso a casa, su mujer le preguntó:

—¿Y ahora qué?

—Ahora, a ponerme en contacto con los más chorizos, incluidos algunos de la cúpula anterior, buscarme un buen abogado que nos asesore y…

—¿Y?

—Y a vivir, cielo, a vivir, hay que aprovechar el tiempo hasta las próximas elecciones.

RESIDENCIA CANINA

Era el sueño de su vida: una residencia de lujo para perros, donde pudieran coexistir en distintas dependencias individuales, por supuesto, aquellos que pasaban las vacaciones de sus dueños y otros que esperaban pasar sus últimos días plácidamente, porque sus amos se negaban a sacrificarlos por ser muy viejecitos.

Buscó un lugar apacible en un entorno envidiable, a un kilómetro escaso de un pueblecito que, curiosamente, tenía clínica veterinaria.

Un año de papeleo e intenso trabajo después, la residencia "Canino Resort de Luxe", quedó inaugurada.

Tenía capacidad para más de doscientos perros de todas las razas y edades, aunque, para sorpresa suya, abundaban más los de la "tercera edad".

"Por lo visto —pensó—, los tiempos cambian y las familias prefieren tenerlos cuidados, a pesar de su alto precio de mantenimiento, a que les dé trabajo un animal tan viejo, pero como los quieren, tampoco desean que se los sacrifique, una forma como otra de lavar la conciencia, porque la realidad es que se lo quitan de encima, aunque lujosamente, eso sí. Mejor para mi negocio".

Además de todo lujo e higiene, contaban con dos veterinarios y sus respectivos ayudantes, más todo el personal necesario cualificado, por supuesto.

Cinco meses después el negocio iba viento en popa. Todo un éxito, la lista de espera para entrar cada día era más larga y el índice de mortalidad entre los viejitos estaba entre cero y uno al mes.

Se empezó a plantear una ampliación del negocio.

Una mañana la llamó uno de los veterinarios:

—¿Puede venir? Es urgente.

—¿Qué ocurre?

—No lo sabemos con exactitud, pero esta noche han fallecido cinco, hace un momento otro y seis más están muy graves. No damos abasto.

—Voy enseguida.

Cuando llegó, el panorama era desolador: pequeños cuerpos se alineaban en bolsas en la sala que habilitaron para ello. En la enfermería, varias camillas tenían un ocupante con mascarilla de oxígeno, y la clínica veterinaria del pueblo se negaba a aceptar a ninguno que viniera de allí, porque temían que fuese algún tipo de epidemia y contagiase a los suyos.

Tenían que buscar una solución. No disponían de material médico para todos, ni siquiera de oxígeno.

—Como directora, es usted quien toma las decisiones, esto se nos escapa de las manos — dijo uno de los veterinarios.

—Lo sé. Creo que ya lo tengo claro: aíslen a los más jóvenes y a los que no lo son pero están de vacaciones, a los residentes que tienen sus días contados déjenlos morir, de todas formas iban a hacerlo un día u otro.

—Pero ¿y si son ellos los que nos necesitan antes?

—Pues los atienden..., hasta que aparezca otro con más posibilidades de vivir…, y no me pongan esa cara, que hay más perros viejos que jóvenes, con la diferencia de que pagan más por estos últimos y los otros están condenados sí o sí, es cuestión de tiempo.

La epidemia fue rápida y fulminante. Murieron casi todos los viejitos y se salvó la mayoría del resto.

En los medios de comunicación salieron como héroes que habían hecho todo lo posible en turnos de veinticuatro horas. Fueron muy felicitados. La residencia se volvió a llenar en poco tiempo.

Un día recibió una llamada anónima por teléfono:

—Tengo grabada la conversación donde deja morir a los más ancianos por intereses económicos. Esto le va a costar muy caro.

—Se equivoca, me dará más publicidad y, como ocurre siempre con los escándalos de cualquier índole en este país, la gente acabará olvidando el tema, además como es tan lenta la justicia, en el improbable caso de denuncias, con un buen abogado todo se arreglaría. La gente patalea, pero al fin y al cabo los dejaban aquí para deshacerse de ellos, eran una jodida carga para sus cómodas existencias. Han muerto, los llorarán, hablarán bien de sus difuntas mascotas y se victimizarán por su pérdida durante un tiempo. Total, humo. Así que váyase a la mierda y disfrute en ella.

Colgó y siguió trabajando tranquilamente.

DE ALGO HAY QUE VIVIR
69BOOB69

MUJERES DE LA VIDA

—¿Por qué sigues así, si tanto te amarga?

—No sé, será el tiempo que llevo..., se acostumbra una.

—¿Y de verdad te merece la pena hacerlo por dinero?

—Hay que vivir, ¿no? Además, mientras me lo trabajo pienso en alguien que me guste.

—Hasta luego entonces, y cuídate, no sé cómo aguantas.

Y se fue hacia las escaleras del metro.

—Ya nos veremos otro día.

Y se dirigió a su casa, a preparar la comida, como todos los días, para su marido.

* * *

—¿Por qué sigues así, si tanto te amarga?

—No sé, será el tiempo que llevo..., se acostumbra una.

—¿Y de verdad te merece la pena hacerlo por dinero?

—Hay que vivir, ¿no? Además, mientras me lo trabajo pienso en alguien que me guste.

—Hasta luego entonces, y cuídate, no sé cómo aguantas.

Y se fue hacia las escaleras del metro.

—Ya nos veremos otro día.

Y se volvió a situar en la esquina de siempre, esperando algún cliente que le solicitase un servicio.

PÁGINA DE CONTACTO

"Soy un hombre tranquilo, de sesenta y seis años, practico algo de deporte para estar en forma, cuido la alimentación y no fumo. Soy un romántico empedernido al que le gusta mirar el alma de la mujer a través de sus ojos y decirle, embelesado, cuánta belleza encierra para ser descubierta poco a poco. Te espero a ti, mujer, para compartir todo el amor que guardo. No tardes".

Más abajo especificaba: "mujer entre cincuenta y cuatro y cincuenta y nueve años, sin cargas familiares, que resida en ———, igual que yo".

Ella leyó por tercera vez el anuncio. Lo había intentado con varios, pero le parecieron algo frívolos para su edad, al fin y al cabo tenía cincuenta y seis y no era cuestión de jugar a las casitas. Estaba divorciada hacía muchos años, los hijos eran independientes y llenaba los días con su trabajo, pero aún se sentía joven y con ganas de vivir, por eso decidió que ya era hora de buscar pareja estable para disfrutar del último tercio de la vida. Este parecía serio y de costumbres sanas. Aparcó la otra opción de un tal *Joseluí* y le escribió:

"Hola, me llamo Teresa, vivo aquí, en ———, desde hace doce años, he leído tu anuncio y creo que coincidimos en muchas cosas. Te espero. Un saludo".

Dos días después recibió respuesta. Se dieron el teléfono. Hablaban todas las noches, cuando ambos salían de sus trabajos. Se *wassapeaban* sin descanso. Quedaron en conocerse el fin de semana.

Él le llevó una rosa roja sin espinas, ella una mascarilla hecha a mano con una pequeña cabeza de tigre bordada en una esquina, porque sabía que le encantaba ese animal.

Cenaron a la luz de una luna imaginaria, porque solo encontraron sitio, previa reserva, en un restaurante que observaba puntualmente la nueva normalidad. Después de desinfectarles la mesa, apartarse unos de otros como si fueran puercoespines *cabreaos* y lavarse las manos con aquel gel pegajoso, se sintieron tranquilos porque no servían con el menú el virus de los cojones, después recuperaron el *meloseo.*

Él le dijo que era el ser más maravilloso que había conocido, ella que no se podía creer tanta felicidad, él que solo viviría para poder verla y oírla todos los días, ella que nunca creyó que existieran hombres así.

Una hora después, si las palabras fuesen algodón de azúcar, ya estarían con náuseas de la empachera.

Al final de la velada la invitó a su casa. Ella iba casi levitando en aquella nube esponjosa de dulce y romántico enamoramiento. Él solo iba cachondo.

Hicieron el amor, ella desentrenada, él clásico y algo torpón.

Tres meses después ya se llamaban menos por teléfono y habían reducido considerablemente los *wassaps,* pero seguían saliendo los fines de semana... y cogiendo más práctica.

Un día, a solas cada uno en su casa, hicieron balance de la situación.

Él creyó que aquello empezaba a parecerse, cada día más, a un matrimonio convencional y se estaba acercando, peligrosamente, a los límites de la rutina, pero Teresa era buena persona y uniendo sus economías vivirían mejor en un futuro, claro que eso no le impediría comerse alguna que otra almeja, después de todo, la vida está para vivirla, y no es cuestión de perder años que no sobran plantando en el mismo hoyo.

Ella pensó que se estaban estabilizando muy bien, Manolo era un hombre encantador y tendrían futuro, además la bajada de ritmo y romanticismo ocurre en todas las parejas, pero aun así, trataría de esforzarse más, aunque claro, a su edad, él debería saber de sobra que el cuerpo no está para locuras y también es normal que quisiera salir de vez en cuando con sus amigos y no tuvieran la obligación de verse todas las semanas.

Días más tarde Manolo cambió su nombre y perfil en la página de contactos, dejando su descripción en un escueto: "Si quieres pasarlo bien y sentirte libre, no lo dudes, soy tu hombre. Disfruta a gastos pagados".

Total, se dijo, a nadie le amarga un dulce y hay mucha desesperada que haría cualquier cosa por comida y cama, y más siendo de restaurante y hotel, o simplemente distraerse de un mal matrimonio o tomar una revancha de cuernos *infectaos*.

Después llamó a Teresa:

—Cariño, he aceptado un voluntariado donde tendré que asistir a cursillos de vez en cuando con otros de mi edad, un aburrimiento, pero es algo relacionado con una caritativa ONG.

—¿Quieres que me inscriba yo también?

—No, cielo, tú eres mi joya y, ya sabes, a los tesoros hay que cuidarlos. Esto es una paliza y un reto que debo afrontar yo solo.

—Cada día te amo más.

—Y yo a ti.

Tras colgar el teléfono Teresa se quedó pensativa un rato y evaluó la situación, después llamó a *Joseluí*, la segunda opción antes de conocer a Manolo y, después de hablar con él un buen rato, se dirigió al armario en busca de su mejor vestido.

Después de todo, se dijo, no hace falta estar en una ONG para ser caritativo o ¿acaso no es caridad acompañar a un ser solitario... y tan *puñeteramente* guapo?

QUÉ MALA SUERTE LA MÍA

Se levantó preocupada porque hacía tres días que avisó al fontanero por aquel maldito grifo que goteaba sin cesar, le dijo que iría aquella misma tarde, después que al día siguiente, y así una excusa detrás de otra. Se vistió y salió.

Entró en la frutería:

—Buenos días, me alegro de verla, hoy le he guardado los mejores melocotones que me han entrado, y además le regalo esta cajita de fresones.

—Gracias, es muy amable.

Pagó muy seria y se fue.

"Es que me parece increíble tanta desconsideración, sabiendo la falta que hace un arreglo de ese tipo, y con lo que cobran".

—Hola, le traigo el cupón del otro día, a ver si me ha tocado algo.

—Ahora mismo se lo digo..., anda, pues sí, ciento veinticinco euros. Felicidades.

—No es para tanto.

Y, muy seria, se fue.

"Hay que ser muy irresponsable, además de cabronazo, para joder así a una clienta. Además, quién es él para decidir lo que es más urgente o no".

—¿Llegó el vestido que tenía encargado porque no había de mi talla?

—Por supuesto que sí, señora, y debido a la demora de dos días le han hecho un descuento en almacén del veinte por ciento, una excepción nunca vista, créame.

Pagó muy seria y se fue.

“La culpa es mía por llamar al sobrino de mi vecina, las confianzas dan asco, y el puto grifo lleva ya cuatro días goteando, ¿será posible? ¿Por qué…, por qué tendré tan malísima suerte en la vida? Si es que nunca *na* me sale bien”.

SITUACIÓN LETAL

Revisó por enésima vez los importantísimos documentos de aquella transacción tan atípica y supermillonaria que cerraría al día siguiente y respiró tranquilo, todo estaba en orden, además del billete de avión, pasaporte, documentación privada, varias tarjetas, dinero en efectivo…, todo controlado.

Llamó a su pareja para despedirse y que le deseara suerte, avisó en recepción para que lo despertaran y además puso un par de despertadores cerca, por si acaso. Durmió mal porque estuvo repasando mentalmente una por una todas las cláusulas del contrato, al final cayó rendido y se durmió. Lo sacaron de un sueño pegajoso dos despertadores y el teléfono del recepcionista. Una hora después subió al taxi que lo dejó en el aeropuerto.

Antes de subir al avión, un último repaso lo dejó satisfecho, después de aquel golpe de suerte con la multinacional, su vida estaría resuelta para siempre. Pero algo le inquietaba y no sabía qué.

Compró una botellita de agua, la sensación de que algo iba mal crecía en su interior.

Metió la mano en un bolsillo de su chaqueta, después en el otro. En los del pantalón. No podía ser. Un sudor frío se fue apoderando de él.

Empezó a dolerle el pecho. No le importaba ya el negocio, ni el avión, ni los documentos.

Algo más importante ocupaba su atención. Vio que estaba desvalido, solo, rodeado de gente extraña, totalmente indefenso. No sabía qué hacer. Nunca se había sentido así. Empezó a sudar frío, la angustia y el horror se estaban apoderando de él, el pecho le dolía cada vez más.

Poco antes de caer al suelo fue consciente de que había dejado atrás, en el hotel, una parte vital e imprescindible de la que no se separaba jamás. Un error irreparable que estaba a punto de sumergirlo en la más atroz desesperación y ansiedad, angina de pecho incluida: se había olvidado el móvil.

AMIGOS

Eran amigos desde la juventud y continuaron la amistad con el tiempo. Los tres estaban casados con mujeres que se hicieron amigas entre ellas y todos se reunían los fines de semana para hacer barbacoas y compartir buenos momentos, alternando el chalé de cada uno para tales ocasiones.

Como solían hacer, después de la comida, ellas se retiraban a recoger y a charlar o tomar el sol, ellos se quedaban en la terraza tomando café y hablando del trabajo, política o deportes, y los niños correteaban alegremente de un lado a otro.

Estaban en pleno debate sobre la lesión de un jugador y las consecuencias para su equipo cuando Paco se levantó entre las risas de sus amigos:

—Voy a mear.

—Ja, ja, ja. A ti te tocan a ese y se te descompone la barriga, no lo podrás negar.

—Que te den, *mamonazo.*

Y se fue para la casa.

Jorge y Luis se quedaron en silencio, esperando a que regresara para continuar el debate.

"Qué suerte tiene el *joío* Álvaro con la mujer que le ha tocado —pensó Jorge—, pues no es nadie la Conchi, una mujer de su casa, todo el día pendiente de él y los niños, no como la mía, que solo piensa en traer más dinero a casa y subir en la empresa, como si yo no llevase suficiente".

"Cada vez que miro al gilipollas este —pensó Luis mientras sonreía a su amigo— se me sube la bilis de la envidia, qué suerte tiene el cabrón con su mujer, que solo hace ganar pasta y triunfar, no como el maldito florero que me ha tocado".

Mientras regresaba del lavabo, Álvaro se quedó un momento mirando de lejos a las mujeres mientras pensaba: "Qué suerte tiene Luis, menudo bombón para disfrutar a diario, no como la marujona aburrida que tengo que soportar. Si no fuera por los niños...".

Tres horas después, se unieron todos en la mesa común para la merienda y poco después se despidieron cariñosamente, hasta la siguiente semana, como siempre.

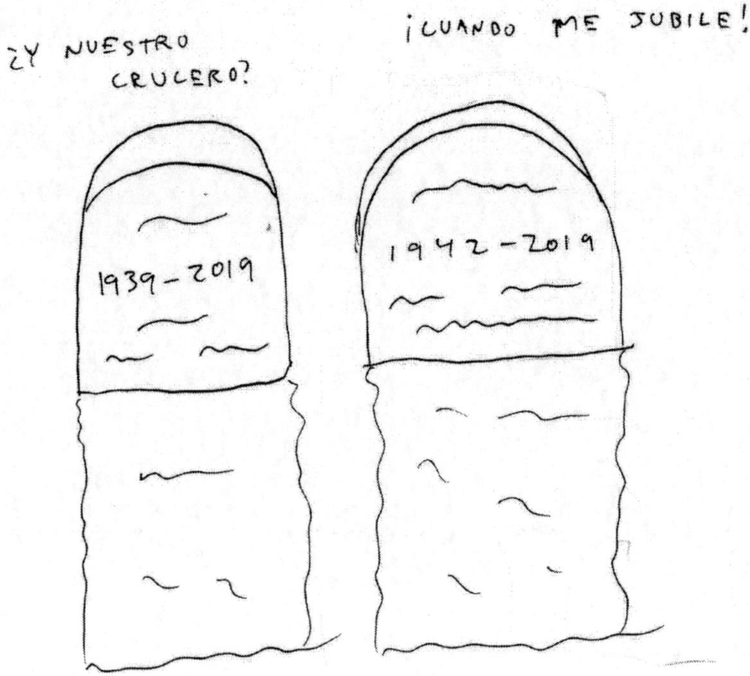
¿Y NUESTRO CRUCERO?
¡CUANDO ME JUBILE!
1939 - 2019
1942 - 2019

DISFRUTEMOS CUANDO ME JUBILE

Esperaba con verdadera ilusión que pasaran los tres meses que faltaban para jubilarse.

—Haremos un crucero con los ahorros y podremos salir cuando y adonde queramos —le repetía casi a diario a su mujer.

—Ay, qué ganitas tengo de que pasen estos meses, sí que lo vamos a disfrutar como hemos soñado —respondía ella sonriendo.

Sus tres hijos, ya casados y con variada prole, les dijeron que se alegraban de que, por fin, pudieran disfrutar un poco.

Llegó el ansiado día y lo celebraron con una comida familiar. Hijos, nuera, yernos y nietos charlaban alegres alrededor de la gran mesa.

—¿Entonces os vais seguro? —preguntó su hija mayor.

—¡Y tan seguro! Toda la vida soñando con este crucero.

—Pero todavía no tenéis los billetes, ¿no? —inquirió el mediano.

—Claro que no, estamos debatiendo el lugar que nos apetece conocer.

—¿No es algo precipitado? —habló la menor de los tres.

—Pues no, ¿pasa algo que yo no sepa?

—Hombre, papá, no es que pase nada —dijo la mayor—, es que nosotros estamos muy agobiados con los niños, tenemos que dejarlos con una niñera o en una guardería y eso cuesta un pastón, así que no tenemos dinero para salir a tomar una copa.

—Y nosotros —terció el mediano— no salimos solos desde que tuvimos a los mellizos.

—Pues anda que yo..., a doble turno a veces y él también trabajando, y a pagar a alguien que los pasee —añadió la menor.

—Os recuerdo —dijo la madre— que yo también trabajaba cuando erais pequeños y nunca pudimos salir solos, a no ser que fuera con vosotros. Asumimos que los hijos eran nuestra responsabilidad y exigían cierto sacrificio. Ahora lo queréis todo.

—¡Son otros tiempos, mamá!

—Si solo queréis pensar en vosotros…

—No sabía yo que a los postres os ibais a volver tan egoístas.

La conversación se fue agriando cada vez más y la despedida fue muy tensa y fría.

Ya de noche, en la cama, ambos estaban desvelados.

—No quisiera que se enfadasen.

—Yo tampoco —dijo él—, pero es nuestra vida, o más bien, la parte que nos queda de ella. Tenemos planes, ¿no?

Ella estaba llorando silenciosamente.

Él la abrazó con ternura.

Dos años después seguía llevando a varios nietos al colegio, ella a otros a la guardería.

Nunca volvieron a hablar del crucero.

Diez años después los hijos se reunieron en casa del mediano:

—Hay que tomar alguna decisión, papá está muy deteriorado y mamá muy torpona.

—Pues no tenemos dinero para pagarles una cuidadora, necesitamos ir de vacaciones.

—Son muchos gastos, acabamos de comprar un coche.

—Entonces, por unanimidad, estamos de acuerdo en buscarles una residencia.

—¿Y si es muy cara?

—Hablaré con la asistenta social. Tendrán alguna solución.

—No es nuestro problema, que hubieran hecho un plan de pensiones.

—Eso, y no que nos dijeron que el dinero se lo habían gastado en nuestra universidad.

—Si no podían atender nuestras necesidades que no nos hubiesen tenido.

Se despidieron de acuerdo con las decisiones tomadas y quedaron en ir a visitarlos.

—Me ha llamado el niño —dijo ella al marido—. Dice que vendrán todos a vernos para hablar.

—Eso es que querrán que nos vayamos con alguno a vivir o nos querrán poner una asistenta.

—¿Tú qué prefieres? —preguntó ella.

—No sé, decide tú. Cualquiera de las dos es buena.

LA BONOLOTO

Se había quedado soltera porque a la naturaleza no le dio la putísima gana de dotarla según los cánones de belleza establecidos, y nunca se le acercó ninguno con la intención más allá de usar un agujero a mano. Cansada de decepciones y como sus padres habían muerto hacía varias décadas, se dedicó por completo a su trabajo en un laboratorio farmacéutico, los ratos libres eran para visitar a sus muchos hermanos y sobrinos, y siempre que iba llevaba un regalito para los niños y algún obsequio para sus papás.

Cerca de Navidad le dieron sus listas de regalos, las repasó y vio que se habían pasado un pueblo. Sus cuñadas pedían cosas cada vez más caras, sus hermanos no se quedaban atrás, sus hermanas más de lo mismo, y de los niños ni te cuento, vaya abuso. Prácticamente todo el dinero se le iba en ello, y lo peor es que si bajaba el listón en los regalos se lo reprochaban con un: "pero en quién mejor te lo vas a gastar sino en tu familia".

Se sentía prisionera de la costumbre que ella misma había instaurado poco a poco, en un deseo oculto de ser querida y necesitada.

Un taller de "O Tienes Autoestima o Te Jodes y Lastimas", la hizo recapacitar en su existencia y en sí misma y descubrió con horror que a sus cuarenta y cinco años era la ubre de la que mamaban sin cesar los gorrones que la rodeaban, que su autoestima olía a colillas de tanto arrastrarla por el suelo y que si la consideraban fea de cojones, ese era problema de ellos, y no la excusa para que tuviera que vivir limosneando algo de afecto a cambio de regalos cada vez más carísimos, como si el ser fea para otros fuera un delito que tuviera que ir pagando a plazos a golpe de cartera.

Se tomó unos días de descanso en el trabajo y los dedicó a pensar.

Tres días después bajó a comprar una "bonoloto".

En el almuerzo familiar del domingo se lo dijo a toda la familia y le desearon mucha suerte.

Dos días después del sorteo preguntó a todo el mundo en el trabajo qué destino era más bonito y más caro para pasar quince días de vacaciones, a su vecina de abajo que si sabía a cuánto se vendían los pisos por aquella zona, a su peluquera que tenía en mente comprar un chalé con piscina climatizada, en la frutería encargó una gran cesta de fruta selecta para enviar a casa de sus hermanos, a las cuñadas y hermanas un gran ramo de flores.

La llamaron para preguntarle a qué venía aquello, dijo que a nada, que le dio por ahí ese día.

Después se excusó y dijo que no los podría ir a ver en un par de semanas.

Pidió más días libres, desconectó el teléfono, compró comida y solo salió de su casa para varias sesiones de bronceado y recoger folletos de vacaciones en las Maldivas.

Cuando se volvieron a reunir todo el mundo se deshizo en preguntas, pero solo recibieron evasivas, aires de superioridad y ningún regalo para nadie. Se despidió pronto.

Cuando se fue, se reunieron todos.

—A esta le pasa algo

—Pues claro que sí, *atontao,* se ve a la legua que le ha tocado la lotería, me lo ha dicho la peluquera y no la creí.

—¡Joder! Y no dice *na.*

—Ahora no somos nada para ella.

—A la *señoritinga* se le han subido los humos.

—No nos pongamos nerviosos, pero seguro que de aquí a nada encuentra a uno que la desplume.

—Pues seamos más listos que ella, tratémosla como a una reina, así volverá por aquí, porque si empezamos a pedirle de golpe, igual sale corriendo del espanto.

Quedaron todos de acuerdo en la estrategia.

Después de perfilar detalles, el mayor se encargaría de ejecutar el plan. Fue a verla.

—Hermanita, ¿estás bien?

—Estupendamente.

—Es que nos preocupas, y hemos pensado que verdaderamente llevas toda la vida trabajando y eso agota a cualquiera, quiero que sepas que te queremos mucho.

—Yo también a vosotros.

—Por eso, nos hemos puesto de acuerdo para pagarte unas vacaciones.

—No hace falta, pensaba irme de todas formas.

—De eso nada, tu familia primero para lo bueno y para lo malo, la pagaremos entre todos.

—Si os empeñáis…

Una hora después se despedían.

Reunión familiar otra vez.

—Bueno, cuenta, que nos tienes en ascuas.

—Está clarísimo, a esta le han tocado los millones.

—Habrá que rascarse el bolsillo.

—El que algo quiere, algo le cuesta.

Después de amplia charla familiar, donde cada uno tenía claro qué le iba a pedir cuando diera la noticia, no sin antes recordarle el sacrificio que habían hecho pagando sus vacaciones, se despidieron satisfechos.

Eligió una isla carísima, en un hotel carísimo, con vuelo carísimo y ropa nueva carísima.

Se lo pagaron todo sin rechistar.

Llevaba siete días en pleno éxtasis, en aquellas playas de ensueño, y aún le quedaban otros siete de estancia.

—¿Desea algo más la señora?

—Sí, tráigame algo especial, hoy celebro algo importante.

Verdaderamente, pensó, sí que es algo muy importante: he recuperado la autoestima, desde ahora pensaré más en mí y en que tengo derecho a ser querida por mí misma, no por lo que dé a los demás, y lo mejor de todo, esos gorrones *aprovechaos* de mi familia me han devuelto con estas vacaciones todo el dinero que invertí durante años en ellos, sin que me lo agradecieran ni una sola vez. ¡Menuda cara pondrán cuando sepan que no me tocó nada! Además, no me lo podrán reprochar, porque nunca sacaron el tema ni me preguntaron directamente nada. Que se *joan*.

Y le guiñó un ojo al camarero cuando le trajo su bebida.

¿Y LA SOLUCIÓN?
¡LA CULPA ES SUYA!

CAMPAMENTO DE VERANO

Todos los veranos, desde que tenían seis años, sus padres los enviaban al mismo campamento, social y subvencionado, durante un mes y de esto hacía casi una década. Tardaron, como otros muchos, en adaptarse pero con el tiempo se fueron formando grupitos bien definidos y con intereses algo diferentes, cuando no opuestos diametralmente. En general, una comunidad bien avenida que esperaban con ilusión reunirse con sus amigos, como todos los años. El entorno era paradisíaco, la comida sana y las actividades muy variadas. Los organizadores estaban muy satisfechos con el resultado.

Este año el grupo de los mayores se dividió en dos bandos: en uno estaban los que se adaptaban a las normas por las que se regía el campamento, en el otro los que protestaban de la rigidez de estas y la posibilidad de transgredirlas para pasarlo mejor.

Ambos bandos captaron de inmediato adeptos para sus causas entre los demás grupos y todos fueron fáciles de manipular, porque estaban acostumbrados a creer lo que viniese de alguien con autoridad pues sus mentes no estaban acostumbradas a pensar, se lo daban todo hecho.

Llegados a este punto, se reunieron los dos dirigentes del grupo de los mayores:

—La que habéis liado —dijo el que lideraba a los Integrados— con lo fácil que era seguir lo establecido y pasar bien el verano, como siempre.

—Eso lo dirás tú —dijo el líder de los Liberados—; nosotros estamos hartos de lo mismo y vamos a tratar de innovar todo desde sus raíces, para bien de las futuras generaciones.

—Entonces no os molestareis porque digamos que fuisteis vosotros los que habéis alborotado a los más pequeños con promesas falsas y vaciado la despensa de todos los postres de una semana.

—Ni vosotros porque os acusemos de alborotadores y querer que se cierre el campamento.

—¿Que tal cuando se enteren de que sois unos *enchufaos* que no tenéis derecho a chupar del bote todos los años?

—Entonces les descubriremos quienes han tirado todas las bolsas de verduras para hacerles creer que recibimos poco y necesitamos más ayudas.

Dicho esto, ambos se quedaron en silencio un rato.

Después estuvieron de acuerdo en ocultar sus mierdas y echar la culpa de todo al poder central, pues eran los organizadores de quienes dependía su economía.

A la mañana siguiente, y cada uno por su lado, enviaron un escrito a los organizadores del campamento, los Integrados decían:

"Habiendo seguido siempre las normas y sentido seguros hasta ahora, en este campamento, lamentamos denunciar la falta de autoridad y servicios competentes, así como la inseguridad ciudadana a la que nos vemos sometidos. Tendréis la correspondiente denuncia a su debido tiempo".

Los Liberados, a su vez, declararon:

"Visto los actos vandálicos que aquí se cometen y la ausencia de libertad que predomina reduciendo, aún más si cabe, nuestra capacidad de expresión ante semejantes abusos de poder, nos vemos obligados a rebelarnos contra ello mediante huelgas indefinidas y actos de sublevación organizados para concienciar a los demás de vuestra incompetencia. Seréis denunciados por ello".

Los organizadores se reunieron de inmediato:

—¿Pero has leído bien esto?

—No me lo puedo creer.

—¿Que hemos hecho mal para merecer semejante desatino?

—Nada y todo.

—Explícate.

—Pues eso, que si para procurar el bien común das normas y obligaciones para todos, eres un dictador, y si para tenerlos contentos permites que uno de los dos bandos *choricee*, formen un campamento dentro del campamento con sus propias leyes pero a costa de los organizadores, y además hagan lo que quieran, incluido arruinarnos, pues para los otros eres un *essgrassiao* que no sabes gobernar.

—¿Me estás diciendo que "te pongas como te pongas, por el culo te la meto"?

—*Po zi.*

—Pues ni con *veselina...*, como esto siga así..., ¿no se dan cuenta de que nos vamos todos a la mierda?, incluidos ellos, por supuesto.

—*Mismamente.*

LA GRANJA

El veterinario le habló de la conveniencia de castrar a los animales más jóvenes y bravos para evitar que molestasen al resto del ganado y no estuvieran tan nerviosos y agresivos. Al granjero le pareció una solemne barbaridad y no hizo ni caso. Creía que ellos mismos se regularían. Era un ganadero atípico que estaba convencido de la capacidad que tenía cada animal para regular sus instintos, para ello había colocado a las hembras lejos de su alcance, pero no de sus olfatos y vistas.

Se creía un ser superior.

Las hembras, a su vez, eran inseminadas regularmente por los sementales de otras granjas y parían felices a sus retoños. Estos, una vez destetados, podían pastar a sus anchas donde quisieran. Como no ofrecían ninguna tentación ni peligro, podían hacerlo cerca de los adultos, en otros cercados.

Un día, ante los gemidos que se oían, el granjero salió corriendo de su casa a ver qué estaba ocurriendo. El panorama era dantesco: muchos cuerpos yacían diseminados de acá para allá, sangrando y entre sollozos.

Llamó de inmediato al veterinario. El diagnóstico fue demoledor: habían sido violados y sus frágiles cuerpos apenas habían podido soportar semejante agresión y peso sobre ellos.

—No entiendo cómo ha podido pasar esto —dijo sollozando el granjero.

—Yo sí.

—Pues explíquemelo —le inquirió, totalmente desolado.

El veterinario, después de unos minutos de silencio, lo miró con desprecio y le dijo:

—Hay dos cosas que usted ha ignorado: una que no se debe ir en contra de la fuerza de la naturaleza.

—¿Y la otra?

—Lo imbécil que hay que ser para ignorar eso.

Pasados unos días, el granjero apartó aquel ganado hacia pastos más lejanos y lo reemplazó con animales nuevos.

Hasta el día de hoy la historia sigue repitiéndose.

Este libro se terminó de imprimir
en Madrid, España, en el mes de
octubre de [illegible]

Este libro se terminó de imprimir
en Madrid, España, en el mes de
octubre de 2020